introduction

word Search puzzle is a game that consists of the letters of words placed in a grid, which usually has a square or rectangular shape or geometric shape . The objective of this puzzle is to find and mark all the words hidden inside the geometric shape. The words may be placed vertically horizontally, or diagonally.

To help us continue, please post a comment on site.
and we will appreciate your comments and suggestions.

©2021

```
A I U P Z H L T L A S R O U Y O P W
Q I M R I X F M K F U T B C L G O A
W L U Q L K P I C K E D C H N K W T
C O M P L E T E S Q W U I O V R U C
S U J P P E N K O O U A J H E A W H
W N W J U N I D K C I J U T I L K E
A E D Z K W S I S R X L A H F J L D
T S D C K C X A A O D X F Q Z P O A
T T A E V K F Q C E B S R K M X M F
T Q V K V S Q Y C J Z X A G O C Z F
E S E N A A R F E K T Y I T N V Y U
N I P Q P R C N S S H L D M W K G W
D Z A H V T K L S O H Y S U Y C U J
M E E B K N U V I Y B Q L W G X C Y
Y S A T U V D W B R E S U L T S B R
Y B Q I I A J E L K W J T O W O C V
U A P I K Q U B E D S Y A H K B Q Q
```

AFRAID   ACCESSIBLE
COMPLETES   PICKED
SIZES   PEN
WATCHED   RESULTS

```
C B F U U T S T U M T U M Y F Z O T
L U A S S Z K A C Q J N C D A F Z J
E V Q T T R V W O Q Y D A C C X D Y
A R M U W T I Z L Q A E F C F O N V
R V S D D C I K L Y X R R Y N O O Z
I V V W H S H G E Y Q S Q U O L C V
N R B V M S I M C U G T E Y Q U M N
G T A F H B K S T I V A Y H N V I N
V C S M X R J M I C P N D B T Q N F
M F I E F A Q R O P E D U Z M Z S B
J Y N R G C J T N D N I Q D M J T P
Y K G A O K O S I B N N G S M I A G
F M F L U E V F H H B G Z W L E N T
W O D J I T S V M H N H G K U F T K
K D J S G S I F J C T H U V Q K S Z
Z U J S M U T S I L X U U G P T F D
Q E L T W A S T J J J S T J X S V A
```

BASING   CLEARING
BRACKETS   UNDERSTANDING
SITS   COLLECTION
DUE   INSTANT

```
I T U A V Y D R I V Y P A V F X O P
D I H P K X N S N L U D E J E V Y C
M A D C D R L F W I H H Z Z U R B O
O R I G I N A L L Y Y Z A Z A L J T
M P E O P G M T L N W H E Q N E D V
Q R A P K A M R O F O R M A T V H C
W E R T I M V C I U D X H L L E C I
U S T L J M F C O R N E R C X L N F
S E V D U X C T F K M S P I Q S P I
U N O S L W H B K K W S M B Y S X R
N T P E J M K M Z M X I E Y Z L T R
W E R C Z U K U D W S I F J R P M E
X D M T F M L U T M E A V E W G F N
F M M I J H A T N F S V B J N A H U
Q B C O E N T I T L E C H Z G T M V
M C E N C T I V Y S U K J M B V K C
F F S S S J S G K D V F G Q E C M G
```

ENTITLE LEVEL
PRESENTED FORMAT
ORIGINALLY SECTIONS
CORNER ART

```
Z J J W I C V W P L A N E T Q M I H
R L I W J B B J I B Q D D E G U T D
G Z V M F C V U A W I W A P M K P B
K G I W O N T K F F M D F O H I F P
J Z K L R T F C I K Q I C O E L Y P
D D T W M B I A C S V S F X Q C H U
Q W W E B Y T D Z H G C U T A F G Q
H V Q A G A T V J U W O F J V A H T
H U I B N H I G F O P U R K X S J H
H I L R Q C N C M T B R A S J T V E
D S Q E T D G W Y S L A W B B E P M
I A X S R T R D H O F G U P G R O N
C L X P T E O Q D V T E C F E X J M
U S K E Z L V O W P S G N Y L L B F
C C P C C V N O C F R Q B M Y K H L
W S O T D Q A X I S T A T E S U F D
G A B K B B Z J G G N N V K J I F F
```

PLANET   DISCOURAGE
THEM   FORM
STATES   RESPECT
FASTER   FITTING

```
F H Z A T G J Q C O T Y F O M Q H A
G Z F G R J U M A I M K Y O R T L O
V G Y R C J R Y V A W P F Y Q J R S
P B P E H F R E D S P L I T T I N G
O G O E O L R A W C B M Z E M U V U
I R G M F K S R F K L R N I R P Z
N S Q E E R A J E V K Y U Z X N B A
T L M N L J F R J J Q U I U W I Y U
L X W T G Z E N U F R T X T C K F Y
E Q P X F H L P C G E V Y M N J J V
S N U A P Z Y R L F V N W D Q G L O
S D S L I X D S M N H Y G Z E Z S L
B X H W Y F T E R M I N A L S V R N
F J E X R Q L B X L W C N T A E N I
L M S J J V B S J D N V Z Q G Z M H
K X R J C F D N F C J S S J Y A W L
B A N Z J U M B K Z R M J K H B D A
```

SAFELY PUSHES
SPLITTING TERMINALS
AIM YEAR
POINTLESS AGREEMENT

```
L C F I X I N G S U Q V L L R K D E
O M O T L D K K B U Z C W A R M B Y
V W D I Q T G M A B I D Z H T R N D
E D C X M V E D G H Y B V D L F Z A
K V X Z J C K U Y P A H P K F B L T
R E X P E R I M E N T S C T S F K U
X W N N Z E D I T I O N O E U G N M
I T T P D O Q V G U X R N C S F Q T
P O H K Y G Y Z X Q T Z T F M Q G K
Q S P L Z T W R A U R J R C M K P B
U T T S P B N G P R J K O X Z W I R
F K Y U X R D F Q U T V L T I S V L
U O U L I Q A E Q C H W M C C M J G
F Y S P Y P E A K G O R O R O K A T
Q C O N T R I B U T I O N I C Q F I
O A V M L F L L T K N H Y I Q E E G
Q C D Z Z H G J H J U B B E Z E D E
```

LOVE   EXPERIMENTS
PEAK   FIXING
DATUM   CONTROL
EDITION   CONTRIBUTION

```
P E S W T X J F A P P E A R A N C E
E W L T X W Z L N S E Y K Y J F E X
C P A F D D X A U I I C W M A K U D
S V G Z I O E K O Q P X Z S G E M Q
C O M H I K L G T J Y A T K P G Z M
I J U G P N R M L T C A T G V F V G
T O Z V L L M Q E C S N H P J X X B
U M C L A I Y L G M V L K Q W P J R
J X O F N M Y B I H X Y G X Q P O L
D Z U Q N I L D K V I N F E V A C I
E B N S E T B O G O Y T D Q O R Y V
L C T I D I H J D N N H R X Q H I I
E H E C W N X H W U I I B N Z I W N
T I R A H G Q Y G V J O E B S B I G
E P C N B U D G E T D E O Y R Q A B
D L N C W D Q Y C T X N I H R A P J
A U F W F V D J M I Q H I I G L R B
```

LIVING   LIMITING
DELETED   CHIP
PLANNED   BUDGET
COUNTER   APPEARANCE

```
X E V F O T U P U O X D W O A X D D
H K P J A S E A X K W L H S G W J E
J W L L L X V Q W I V J N O Q O P I
Y A G U A C H I E V I N G G B I U L
J H H X R P V V P D Q H L E P S F X
C E W D M I P J W E U Q X D S L T S
H H V L A C C W I V T H Y R C Y I F
D A N H M I D K C I Y M A A Z N N D
Q O F P V F H X W C U Q T S M B P A
R W Q B B J X Q J E F S O T I T L Z
D F O L Q I M U C S H B E I Z N H E
P W X W G A I N K T X T O C S S G N
I U U D E S P I T E O K K V U O C T
I P V I S I T E U U B F D Z A S E R
E M L D E V E L O P S I V J X Q X I
N O O J D Q T E E O B L T N V M M E
K D K I Y Y U E S L J T I J X W J S
```

DEVELOPS   ENTRIES
DESPITE   DEVICES
DRASTIC   ACHIEVING
ALARM   VISIT

```
D A P U C I P M J F H X B Z Q T V U
R C E C G C C T T K H E S H V Y M I
E M R C I G K M C K A T M H S T X K
Y T T L N G G O C I U Y U V M Q R V
U B H D W V D S H M D O T P I S H J
E T U I T S T H I P I C Q S H I A R
G J S S L K N Y L L S M X F U M B E
A G Y P E G Y B D I A E W H P I S C
P N W L K D A T R E G E X W K L D O
B X Y A F L X W E S R L K O G A U V
K Y Q Y U P Q L N R E S I M Q R K E
P V H I P Q G R H I E E F I A L Y R
Z M N N M Y Q J V B O U A J H Y U E
T C E G T A V H H C J J N K T G L D
I Q L G E D T S J R X S I O F T Z P
J I H Z K R N M T A Z E P P G Y J I
U N L K Q Z K N U W H K T A I A T O
```

RECOVERED   IMPLIES
THUS   DISPLAYING
SIMILARLY   CHILDREN
ELSE   DISAGREE

```
T M S G L N P L P F X X D B M R H Z
H N O T I C I N G W E D K Q B J Y F
E B O T H W A A Y D X X P F V Y C N
O D T Y L R E I A B L N P J T U G J
R I I M Z E G H H K Z T A X B Q K R
E M S C L G F Y V D G B H F K M X O
T R C W N A B P R E T T Y G F V U B
I J B T F R H L E Z C R L C Y A V O
C N J D U D B C G D G U T T E R L Y
A G J M H L A S V U S C I D U O U L
L Q Q R V E H S P R B O E Q L B T B
K U F C M S L H V H D E K Q H N I H
J F D L S S A P Y A A S K S R R W J
F L O W K D N V H G Q Y U R P P S Q
R G S J W Z X L X X S S Y U C D Q S
T W R S H I V K I R R I T A T E X Z
X A N H Q Q A T C P R L W T V Y P S
```

THEORETICAL UTTERLY
ASKS NOTICING
IRRITATE FLOW
REGARDLESS PRETTY

```
P H M O U W U I G N O R E T Y F U P
M F R M X W P Q B C X P H H K I G R
G A E A G T J H O Z T C O G H Y Q U
Y S D Y A B D D X R H R G A F C L F
X T W N P R J I W Y T S G Q X T Z X
S E G X O E T R V I N D I C A T E S
B R M H L L E E B F G F U Y V E Q E
X M V U V E N C R G L P G U I P G X
T T K U G V J T N V E J V K K I U D
H Q L O L A O I E D H D L D I V J G
U H F M Q N Y N G D A I H W C S C W
W C Y K C C E G R R C S N Q R R M V
Q P G R G E L J Q V U T V U N J Y D
T Z A J D W Y P V X N I P P D D M W
G G W Q L W R S L A G N E W E O P G N
A F R E C O V E R C R C R B B Z E J
E K N I Q A I D J P F T H M R D C V
```

DIRECTING   DISTINCT
RELEVANCE   INDICATES
IGNORE   FASTER
ENJOY   RECOVER

```
D F R S G A S O T T S U U L H H C E
H R F I X X R C K Q W J W W H U N I
X T G E J T B B Y A I F U A U V H E
Y C Q A C I B W D U V E D J V Z M I
L C A R H K R T R O U B L E J W E N
J Q K L U K E C B M Q P A E V M C A
A P P Y R O E H Y T K L P R S W Y D
P M A E C K O O T A U G H T L W I E
J L T H H S A X R S G B A B C A D Q
X D E T Y M U Q A U T X U Y H Y O U
L V G Z P O B J R K I S P C Z S Z A
Z L N D I H D U I P Z T Z N R W P T
N F V L L B O L D D Y D Y K Q V H E
W A I K Y Q F F I H U R G O E G O K
Y G Y F I L O W Q A P H L N V T U T
U X Y M O G J Q E T Z S X Q K C S V
I W Y I L T B C M E G F D Z Z N E L
```

HATE   EARLY
TROUBLE   CHURCH
INADEQUATE   WAYS
HOUSE   TAUGHT

```
P G K A W A A E T P D A F J C W A H
U B S U R M V Z W G W K W F I X R R
N Q K L E J G U P W N B F H B N N Z
K U P Z P Q Q K A S T L K I A D A M
W W G F R E O Q O E P S G F E M N N
C H I Q E G A D O P T S D W E P X P
K X O G S W L W P B L M D K E I B C
S Z Z H E G M H H Q C G J J E H Y U
Y B Q M N M Z D B O T H E R S J E C
M G O C T P J V N T J M I A H N A P
F J Q H S F N L O U M O N M K O H F
J X L A Z D E C I D I N G O J P A W
X W P R V R R U W E H P D N R L F M
O K Q M F K U X Q W E N H G L U O L
M Y O D O G V E C T O R K B W Q Z U
G F R G L K K O V D C T H N R R K K
M I O H K P O U O L X Q E Z H Y A F
```

DECIDING   REPRESENT
ADOPTS   VECTOR
FOLK   AMONG
CHAR   BOTHERS

```
W T N E R V J L Z C G D H U M Y X X
D Y G J S F O H R E L A T I V E L Y
S R E I N W C W W U Z U M T Y Z E Z
K Z O T O W A R D S R E B C D Q G L
I H I P B R J L G M G N C E L K J G
L A G V F V J X Q B T N O N V T Z I
L X Y H C H O P E E F A N O V X O C
S S A T W K I Q E S S C T D K B U C
F V K O J D T K A T G G A W K I C I
B T B G D C L A I M E D I R E V T O
X G O J U D E D U T C P N P E M L Y
O D B Z B L A W T Z E O I S P L W U
Z I S J I O Y A Y E E Y N B I S D P
R X C I C L O F M O O F G N N Z J E
O U U H E B V R H Q F A D I G R W D
F T R W Z U I C I G V F O N L E W L
C H E I K N J W E Z V O K U W M Z T
```

CONTAINING   KEEPING
CLAIMED   HOPE
OBSCURE   SKILLS
TOWARDS   RELATIVELY

```
S C Z C P W B P H D K J Q S H O D E
J Z I O L P O F L C L I E A I R C W
W O Q L L E N E W V O T E O P Y I Y
D L P L G H Q M E L Z X C H O C K Z
W A T A M K S K S D N W K Q P A S W
E V M P H E V Q S U I U R R U H I N
N A P S I V D F O E C D Z C L U B I
L I W E V T U G T U O J J R A I U D
T L C L U O B L L P N T U L R D Y Z
A A G S M W V V I I T Y K L X X S N
O B F W Q R I N O F A Z E O Y M A U
X L G H W D P J A J I E Y A Y N I J
X E M F R D V G V D N O L X Y J G V
R P C R I Y M F O B E N J T S A Q F
I U Q D T V A H X A D M H U Z H E Q
Z G R A E E W D O V A Z V Y A A F F
F E T C X V X N H A N G I N G W I G
```

BUYS   VOTE
CONTAINED   HANGING
COLLAPSE   WRITE
AVAILABLE   POPULAR

```
N P W J A X J L A W E J A X Q N I H
E G N K Q S O X Y G O F I P Q H T B
O T K S O R T S R X W P F R E S H K
D P D F V S I O U M E S V C F P I J
M W R U T N E O B H X F W N I U G D
U O E K P L X H M R M F M R Z O D W
T K W B B P V T J V Y P B V M V I C
W E E D B V B T M O R E O N P Z D F
O D Z J H H O L Q F H A A J Y B C I
J P K Y M G V N F I V C Z T V A V J
K X T Y N B Z A T R K E S Z S Q A T
S O H Y S W V D W L G B I G F T O U
S S Q Y P Z Z O I M D K I L K C K Q
D A N G E R X W U J Y U W R Z K H E
J R L G O L M N L P Z O N F S D U R
B C O D R C H R R E A S O N P U J U
G S C L Z U C H I P S G W Y A C P I
```

REASON   DANGER
DREW   SORTS
DOWN   CHIPS
FRESH   PEACE

```
D B S G Y C Y M E O B U D E G J P C
K T E F M X A D F Q E O G Y Z E V V
M X W D H O D V L I M I T E D Z B Q
K G W O L L O E S O G U H T Z A K U
Z A W T F F O C L L X A C W P L J Q
B C A K Z E E T E E B R I N A Z M D
U X G V A A L O Y G D J E J S V L D
C W U O L O B R F A P H U T A Y E V
Q K I P Q F U N C L E A R I I I O O
R A C C U R A C Y Q A T R B C B N N
A B A P F I M P L E M E N T I N G I
N N Y X A A H W C O N T I N U E S N
Z F Y V L T C Z C R R G A V E V A P
C G T N S V Y L J H H J O C Z B Y V
U F L X K B J U V A I R U W D S G T
T Q I L X N D E I Q Z P F Z T I V T
T C O N C E V X T L R G G Y U U K Q
```

GAVE   VECTOR
ONCE   CONTINUES
ACCURACY   IMPLEMENTING
UNCLEAR   LIMITED

```
K X N E Z Z F L O O K E D U D G Z N
J A L T E R N A T I V E Y C J S C S
Z N Z T Q F L S A R A G M Z Y R O O
U B A F K D O Q G D X V I W R B N M
F O W J M L B R J C H Z N T V A V E
L X V Y G G L W K F C Z U H Q Q E T
R Q T G O W Y A B E O Z T R L I R I
Q E F S M D J L D M L T E E T J S M
R F K O F P T E X B B I S A N Q A E
P F O R K R Z Y N N X Q R T A L T X
X A V S H G A A B B Y O H E J T I G
D U E X E R C I S E K D D P S U O O
B Y D L A O M S C E M I J Q U T N I
R B T L B M C E R Q H A K J M N O B
K L J U S Z E M S X P V V T N Z H I
I C G S M A B R W Z E Z Q F U L J Y
W D M E N T I O N F B J X I W K W H
```

THREAT   CONVERSATION
ALTERNATIVE   MENTION
LOOKED   SOMETIME
EXERCISE   MINUTES

```
Z B I H F X P C L R Z Z I I S D X B
W N M T O T A O U S P N Q M D J L N
K E Z W Q L K N M B C K M X H D R D
P R E P A R E V G W U M J M J Y E V
D G O D S L R E I W R A X R D W G T
F U V F D O H N A T T C R I G C R O
E G Q Q B C U I B X I C R V A K E D
C O X T R K R E E I W I Y E Y T T A
S J L L W S C N A W H D N R E L C Y
D C G B O E F T X C M E N E K T W B
Z T G G O G T W Z D N N L O O O S P
U P H C U O G I G W K T T B D D C Z
R K H K C Q U H M U T R M N H Y A G
Z A J V I I T R Y T N F K K D X O F
R V D A H V C X O X L F U F L W A S
I E B C T K N T W F W D O B S W M N
O P T W C C X V X H C N T G T L Z V
```

REGRET   ACCIDENT
TODAY   RIVER
PREPARE   WAS
LOCKS   CONVENIENT

```
C F W I N T E R P R E T S D E X C J
E K F J K O W X O U I G I Z P H D Z
U Q F O A H I M Z C Y W O G P P U Z
V K W H M T H A K R Y O K M U R V E
R O A E C O U P L E P D Q S L P E J
L T K Q S S O P M L D E S I R I N G
W N A Z B Y X Z G T K T V Y C P A E
Y M P S R N B H S Y V F W I C B T D
L E V H E T E F N V U T L M N E I M
A P O P A G J T I U X Z A L D F M Q
K B L P K X W C U X O E L Y T S E N
G D X R S C T B V R W L D R J T S X
D N J M R M A L G O R I T H M S E D
B E Y A P P A R E N T L Y I M N J H
V O G K D N T W W Y B W I N N I N G
Y I I H L I V H E U C F G O B G A O
T N X Y T K R T R A D Q R N P Z K B
```

WINNING   BREAKS
ALGORITHMS   INTERPRETS
APPARENTLY   DESIRING
TIMES   COUPLE

```
X F T F P E A U N P L E A S A N T T
P L A P A T T E R N H K J C J B K O
Z O F M M C L Q R T A O H N V S A N
T A O X Y H O D A R A Y W N L L D U
R T M B I G S F A H U D K R J I Y J
A I X X S G B R E S U L T S A C F X
Q N A A Z T N D K U T G N B S O A I
E G D Y E X T R E M E T D J U E Q V
I D E P E N D I N G D Y C G S O I T
P U I W B Q B Q U J I B D P A Y S A
C C O B T A I N E D E I V A B S Z R
M F Y B J H A S S N B O V E Q K Q Y
B S R U U Q A R O O X D L B P V G A
U D L E L D M G D K B V A O V Z G V
J J B D T X M V S L U Y S K K W N O
X G Z F M E C W G N W J O J N D Y A
V C Z N U V H C D A D C W E G T Z G
```

OBTAINED   FLOATING
EXTREME   DEPENDING
PATTERN   RESULTS
PAYS   UNPLEASANT

```
N L N L D S R K O E L E S S O N S P
H V H F U G P N P Q A C M U P W V K
Q B C C I R U O G O D V K C B X A V
N G G L M Q M W C G G J F T R E P D
T L U D C I X L B R O S P T V W G F
G C U X E U F E O A J W W S I F S Y
P C S R J B S D D L Y Q J L Z M I Q
M S J U N R D G Y Q P J S T F L I T
A A N L H N D E C L F J A U P F M B
M R U O W B O E Y B I D C N P T T U
I C B L J K C H A R S E C Q U W W U
A Z P E Q H Y B J G P R O I R G W
K B V J C O M P A R E W R L C W V C
F I G H T M U X C M M I D I Q M N D
X U Y T K R F N F G S P S M L T B J
C S E G V X J G W X D G F L Y I N G
R T T D M N Z T K G X H D H G G H P
```

KNOWLEDGE   FIGHT
COMPARE   LESSONS
LYING   CHARS
BODY   ACCORDS

E	I	U	F	U	C	D	K	K	T	L	H	C	V	M	V	L	C
O	F	I	F	H	Q	H	T	W	A	G	L	Z	L	B	U	A	P
Y	Z	W	X	E	E	U	W	J	L	M	C	X	T	W	Y	L	O
F	R	Y	F	C	T	A	N	G	K	F	L	E	Y	N	W	S	S
M	U	U	Z	R	R	R	M	Z	P	S	G	F	S	J	I	T	B
J	K	R	E	P	R	E	S	E	N	T	M	Y	Z	Q	I	H	B
W	D	V	E	K	V	P	G	O	B	E	S	I	D	E	S	H	B
B	L	L	U	I	A	Y	P	U	I	O	M	W	J	F	B	B	D
G	P	L	X	I	D	H	R	U	E	W	N	E	J	H	I	L	H
Y	R	W	M	D	I	O	H	U	F	O	G	C	A	V	R	P	C
C	C	H	K	A	S	K	N	Q	F	B	S	M	H	A	E	L	Z
O	Y	L	F	B	T	J	Q	E	T	N	H	F	S	L	L	C	F
P	V	B	E	D	U	H	F	M	C	F	C	M	N	U	A	N	D
Y	L	P	Q	Q	R	Y	P	T	J	I	Y	H	E	E	T	S	O
S	L	R	P	U	B	N	Z	S	M	T	J	S	E	S	I	U	Y
C	J	Z	C	M	B	B	X	A	K	Z	G	H	G	V	N	H	U
V	I	K	L	I	R	K	A	T	J	L	P	P	B	M	G	A	R

TALKS   RELATING
COPY   BESIDES
FIT   VALUES
REPRESENT   DISTURB

```
M Q B K I Y A H F E R X E S H M L P
Q Y K C R E A T I N G O O K H I B V
V P M V T L B T Y S R O Q G T U A P
Y A E F Z M T W A E E K C H R I R Z
G N C F L A S H E S S N O I Y D L H
I Z K E Q P S C W Y T D J B V C J F
W C N C O U N T S F O H U S P Y U P
D E W Z R M Y F T M R K N Y Z N Q N
R K H U Q W W D L M I M J O H F T I
S P L I T S T A N T N N U M B E R S
D G A R V H C J T N G G T Z W E Z Y
B U U M O O G W Z R J W K E G A M Z
U O Y A L J Q V O M J Q J K X Z C U
G H S P Y D P U T M E R I T Y G W I
S T A Q J J B W J A I V M Z S I C N
C P W N X D B P R E P A R E D P U K
D Z F H W Y H G W E U I M M S V B C
```

COUNTS   MERIT
NUMBERS   FLASHES
CREATING   PREPARED
SPLITS   RESTORING

```
E W Z R Z G X W J B N T M R X O H D
K Z R E F E R R E D B P M V U C Y U
G K D H Z A B N B H X X G I S C C Q
G V H P G V C F K G W Q Q Y T U M B
H F R Y J X K I R Q T S L J U P U G
B A O M J D F E X R E X D F D I A Z
Q J K Q Y X R E H W U K E H E E T T
H P D C F B I K I X Z C L L N D T V
I O D P H I L O S O P H Y Q T X A K
H V V E O P D A G A D D L N F E C N
O L Z Y B N W C R T C K A X O O H T
Q T G T J T B R I N G M H V L M E D
S Q U X A J Z K G S E A R C D N D Y
V U U G X N B L B Z B Y B O W E X C
R O K S G W N L O F T E X T Q F X U
S U R V I V E S D P K L I N F O L J
W M L N N Q L I N H N U T H W J M C
```

STUDENT   SURVIVES
ATTACHED   REFERRED
OCCUPIED   PHILOSOPHY
BRING   TEXT

```
E T J O B S U W C Q C N S H R T M Z
N L N T O Q T W M I N D S U Y W O Z
C E W I X U X V C F U S O K T P R M
O A N U L N Z F I S U H W R T X N F
U L T X F F O R T H C O M I N G I U
R Q R R L V X X R M X B X N D T N T
T A K E G A M C P Z X F S E N T A G E
G U J P Y D V S J E P H V E F A K L
E J D V O P B X V A K N G A C M G Q
S B L A R I K M E A L B R C X E O A
E A W Y I L C T J P E G L N F B Z W
Q L X T E E G F J P P I E C E M O Z
N E O V T H G L J E A X Q H I W D V
B P B C R M J U E I X M Z K L N H H
S F W W A Q G V P I K Z X V R D J F
P D P G W W N E E Z O A L C N R A B
X Q Z D G D Q D Y V Q P K P Q C F C
```

MINDS   MORNING
ENCOURAGE   SENT
PIECE   JOBS
FORTHCOMING   PILE

```
G Q V V A C K Z B T T A T L S M G D
H Z V V C Z X F A B L D E W D C D A
Q X Z L Y X P I O R Q S V C O H K O
W T R U S T I N G K H Y E O K I Z E
G A Z T X I R V F D O W N R H T S X
F O M Q U M U P J E R R L R M T Y Q
V W A V K F W A W D Y U R E W I C I
P M G J U C D P R O O F T C O N I S
U U E L D J L J A D Y V H T C G N V
Y W B M O T B T R X T J R I P K L N
D E R G U S G H R O Z K A N Y S W E
V S C R E C S V I E J S Z G B O M H
S N P O G E T U V H K Y T I E E W O
D P T Z Y W A B I B E S K B P C E Y
G D K K V V T E N N X E G H Y K M G
C K S Y T P E Z G F N U O W W B J A
R S L V V O P W H H A H R V L N Q R
```

TRUSTING   PROOF
STATE   DOWN
HITTING   CORRECTING
ARRIVING   AGE

```
A B U W E G N S U Z M T O S F M K S
N F Z K B A W I S E K T O H M O P J
Y U Q D N I T D F S M W E G Y W S
R F H G D J X T G Q G G C E E Q F C
K D W G F N W B P V Z F P R Z W C B
B E E N I O A J J J Y A H A N Y L Y
Q B V A E R T N B M L Q B T J D Z D
N T I U L V F O U E P O I D F W H C
Y A S M D D W F I Q E M U C H N O A
T C I V S S R X W I M E U E R Y Q E
L R B J W E E A S S O C I A T E D B
C I L E I C B R E F Y Y E M H Q K R
N S E A R R W F G G P G E U B H U Q
D P H C G E N K Z I J D X L I N C I
E C E A I T S K B F F K I X E P R Y
E L H L Q D O C U M E N T S H R B G
K A L O V N R N A X W P C B R O K E
```

CRISP   DOCUMENTS
FIELDS   WISE
ASSOCIATED   SECRET
BROKE   VISIBLE

```
I I M P U N U S V C I W O P M K D R
L O A Z Q G B P B L G C S R T L E S
M E H K V P Y Q I D F Y P S O A R O
I K E E O Y C I F H I H F B X A E H
M S E L F E C G D E G V B K F G G H
C W X C S M C P C K N B L M N S U G
F F P S R Q N B O X O R P T L Q L P
H I R U J N R R P Y R E J H C N A Y
A O E P M Y R G H A E P P E L K T K
N Z S E C G M L Y T D R B R A D I X
S F S R F X N C O O L E V E I G O V
T Q Q V U E S R G W G S J B M C N K
W G S I N T V N P Z O E A Y I B S X
E C L S Z K A O D O H N M B N U Q I
L L E O D A R M G C A T W O G Q I J
V P W R U Y X F R W U E A K S V I E
E H O R G G S W W D A D M R H Z N H
```

SUPERVISOR   THEREBY
REPRESENTED   CLAIMING
IGNORED   REGULATIONS
EXPRESS   TWELVE

```
J A P M J P R Q M Q B D Z I S A N H
O U H V C B S Q F R U E N S Y A Y S
C M H H O A H Z K Y B C U Z G J M M
X G O E S Q U I T S N A Z H N H B D
D A E L M M I Z S N I K Q A M Q I L
N O I S M L N I W A R N V M T L T K
D S G X N G T Q C H P V I D E O E V
U J O B G J B X J U S C Q Z M X S Q
O X U G F D W O B J E C T S S N T G
E G O O B R E E Q V E S D C O P F O
P O H H M M L R A G T L C Y E L G Z
P F Z X E I D G Z Y B Q C P T L O V
N S F R H M Y L U Q J A J G D A D G
K V F W I K Q N C T R E A T E D D E
H V B L A N K J W D W N G R V A O S
Z W Q L R I G M L A U R X N C S S V
E N R F Y V N G G B H Y N Z W K V O
```

OBJECTS   GOES
VIDEO   BITES
BLANK   TREATED
WARN   QUITS

```
E C J U D X X E K B N R O I V H Q N
A B M K A X S J X W C U E D V M S H
R E G A R D S T Y S F K N I X F T X
P Z F Z H V K K P R Z H S Z B A H
J D U V W F M T E B D X T A J E T W
F H B M P D S R E H J Z V D I Y I D
M C P J U C K O P O R M X V D O S F
E O B O J X K J A A M U N A U N T J
A R X G D Z R A Y F J A X N H D I J
N Z V E Y O T P E P P J P T P L C L
I W I L B N P F X A E V B A W Y A Z
N E C S X R G A N M R L Q G K Q L V
G G U A C A D L H H S A R E J I E G
S O I Y E L B L R E U A P F W A M X
A L W S S L J J D G A C J R P S H M
B X M O W S G L G P D L M K J V P S
F S X W M S K R Q Q E D F V J E J D
```

FALL   SAYS
MEANINGS   REGARDS
BEYOND   STATISTICAL
DISADVANTAGE   PERSUADE

```
Q F D S U K O Y T L K N K J X Q Z U
Y F I M P O R T A N T D O G Y V Z E
W P X Y I F R E F L E C T E D F S N
P F K A W E N D F G U G V S I T M M
T D I I Y T O N A H L X D H D V F O
Y I O P C F B N U A N X I O N U N M
W H L A D Y T U R N E D F W K X X H
I L S B T A C I R Q S V F T I N A W
S R M G K N W B E H U T I L B D Y Z
H U R R Y B L K D U B Z C Q Q U Q Q
P C X H R F U U B S P U W L Y Z O
B L M M A M C G C C T O L N E P X Q
U O J G D I Q Q T A I P T Z P G M Q
T S I N C B Z I I U T Q I V O N T L
A E C H B J J H O H U R E S R U P N
V R X Y E H K W N P T B S B Y C U W
I K K J V V Q P Q H E L H A E I Q C
```

IMPORTANT   HURRY
DIFFICULTIES   REDUCTION
REFLECTED   CLOSER
TURNED   SUBSTITUTE

```
P F E A R O U Z H Q Q H I P S G W X
K S Y G A C H I E V I N G D P E A T
S N H V M I F R B W E A P X S E E S
W M Q D D B F Y V S S U A I P I J C
C I C N K S J X S U J A B U G F D E
T G L U L V I B R E A K S X C Z P D
Y F E J Y Y G J Q Q D P S G K Q V O
B P A S U O D T N Q Z Q M D I K M L
O V R I Z A C B M F T U S E R S G L
E W E P A A D V Y U H D L A J V S A
J H D E S X V U N T R Y S N Z L V R
A P K O P L G X Q L E A P U U S J R
Z J S C O N F U S E K G N S R N J Y
S C E F A H D F E N V V Q U K T S S
O X D K R K A L E N M A V N G H R R
I E J G D E L I B E R A T E O G G D
Y T G O Z G M P C M Q F K H S Y Y Y
```

BREAKS   CONFUSE
CLEARED   DOLLAR
DELIBERATE   ACHIEVING
USERS   SEES

```
T L S R H D U E U X Y O V E I S A Q
U J S U Z Q A G S M H E L P F U L V
J H V Q M N W L X G A R M W D W P B
C I H Y T C R L E T T E R S O U B L
R T H Q Z A V H J H D J G W J O O D
E P R A X G N B P C N Z W J C I X V
F N X C J Q V X D N D J L L O B H I
L K K F R S B T V G J P J I M R I N
E K T V D W M E I K Z F V U P U J V
C O E M E J V N M H W P G W O Z C D
T V N J B L D D A R V O R T S F L A
U B D H A L F J F M S W P N E P B V
M F S E T Q V L F J X B E T S O M Q
G Q Q D E D D U O C K V K Z H X V M
X S H R F Z S B Z V H B T C L M E D
G U E S S E D I Y C Z F A A N F S Z
E X L S A Z U R E L C X L V U Q A U
```

TEND   LETTERS
REFLECT   DEBATE
HELPFUL   TENDS
GUESSED   COMPOSES

```
U J W O P P E K I X B S Z F B N Q H
Z N O Q W F W I B X S I I A W L E F
H I P P O D O A N K R M K R U R V C
I U D H W Q F M G N S U H T Q X E O
G L E D P R H F U Z D L W H O T R K
B F L V U O H Y I E W T M E V T Y K
L Y I C P Y G N N I W A P S D S T H
Z K V C Z I Z E T G R N U T L F H S
E L E Y F U J I R K R E R Y R E I E
O K R C G R Z T O A J O P L H A N I
Q K E L E T D F D Z T U O S X J G K
J F D E A S E J U A Y S S S M C S W
Y K C O M X J S C J H L E O L T P Q
I L L Y H F Y K T W R Y L U E C Z G
P E J Y Q V M Z I A M Y U T U B U W
T M Q S T V B I O S I K C W N O H F
W I U B F A S T N P W V L K S I S R
```

DELIVERED PURPOSE
SIMULTANEOUSLY FAST
INTRODUCTION EVERYTHING
CYCLE FARTHEST

```
P L R E G U L A T I O N O I O T R R
W S C Q M N Q Y O Y B I A U A U E F
Y I B Y L G W V N V I G F Z Z X M Y
F X C Y U L S J M H R A M M Q M E D
G Q C H X U J U H D Z U E S L D M F
V S O T K I C B H H N S G V I B A
X E T H H Z N E X F Z D B S S S E W
J D E A P Y Q O W S A E M I A C R I
D N B N U G J I A M E R U O A U S W
R T N J A W N P Z T U G V P H S E R
Q Y Q I G H R A Z J E R Z J E S M I
O V A K L E J K T C P A K Y W E X T
E L S S X R R S A X K D R R W D M T
Q G M U D E V F R Z N U O S U Z P E
S V D Z R A F H G Q E A A A C I Y N
C F G D T S G U E Z E T D S T S Z L
J L G P J M T I T K Z E T U M Y P R
```

THAN REMEMBERS
WRITTEN TARGET
WHEREAS UNDERGRADUATE
DISCUSSED REGULATION

```
Y H H L N X D P B R E L E A S E S I
W V R W Q A V K B N J I H P B I L O
J U U S B G Q A W C H O R S E S D O
N P M G Q E B T I D L F S D T F U R
V T W T R G Y S G C X B W I Y P A P
A N F A I L E D A W O T X S S O K X
L I F H O M M B B Y W Y U T W F R N
I E J C K Z Z X S X N Z B R T D V J
D H N N R C U B O M W W G I I O C C
Q V I W R O S W L G N T B B L X A I
N G P Q G R P O U K X H W U L T Y H
I N Z R B H U I T Q G E G T S T X N
A B S S S C X Q E K V H V E Y I G S
W O U N Y W N T L W Y O Z Q Q S I Z
O I W N Q U N R Y H R U I K G V E F
G W S T V G K B P G C N I M F E N Y
N N S G M P Z R V T O G E T H E R R
```

TOGETHER   VALID
FAILED   ABSOLUTELY
DISTRIBUTE TILL
HORSES   RELEASES

```
J K X N U H G U Y X F F P Y G D Y M
W Z D V H Z O B I A S E X B R H W P
P W D S W M H H H W O T B D D K F D
O W Y J B R E A C H L A C M T W S A
A V Y D Y O R S H Q K K Z C S M C V
C T L Z E S X U V G R J N Y C S A H
U L N T A M F V R R C R U R S Y I M
T F A S H I O N O F A Y U H I O Y T
X O J C Q J D F Z S N M J T A R R P
M A G Q V P P V Z K O H U W G P N O
V A R I O U S O P Y D W N R C S Z Z
Y D Q G H O M T R W J B K K A Q I C
C S U S P E C T I N G S T O N E S J
Q G C Q A Y Z F H R P V G O L F W Q
N V D I Z G C V U J F T G L R K J T
A D F I M Q Z R E W E V F R J E H K
S P R I N G V O W X K T C X O Y N Q
```

STONES   SUSPECTING
JUNK   FASHION
REACH   VARIOUS
SPRING   CAN

```
B U Y G J V B E Z A B C O F S J J L
T B V H Q I R P P S P O M O X J M P
B J L A U S F Q Q S K N X P O N H J
I I C K I U C N K U C S U Z Q X E F
G L F Z R D S G K R W E S H B E V L
O I Z E B R E B X E S Q N D T A O V
P M U Z G T L W H S P U P S H T F Y
E L K N B Q Q A V Y E E R E X R I S
V C C Z A T D U P T C N Y G H B S S
R P E R M I T S F A I C E K Z B C V
B V N K V Q W V T H F E S H W I A W
X U Y Z B Z H T U D I S T Z Q K L E
N N O P E G E K I S C J E A V S Q A
D E T E C T I N G Z A G R A P H I C
K Y E M N G Q B O R L T D D V U G G
J A M R I N I T Z Z L J A K K O E O
E W B V O D I Z A U Y H Y B O N D B
```

YESTERDAY
CONSEQUENCES
PERMITS
SPECIFICALLY
ASSURES
GRAPHIC
FISCAL
DETECTING

```
V W U U B M P T L H O L D S I E W H
V U A Q I S S T W V Q P L T O S Z J
B K D M T V S F I O L S M A M C D S
U Y J N D V W B I J O I I T K U L S
S F C M Q T I S X U L D G I J V T H
A V U V Z Q T U P M B Y N S D Y J O
U N H B G C C X P C O L O T F Y S P
A K A O I A H R U N Q G R I S H Y Z
D O Z L Y P E W P W P Y E C W P N N
C W J S I I D V F L Q A S S G Q M S
A Q H P L T B S X F V W L I T T L E
B R A K B A J C O Q A L L N C A Q S
N F L R L L V L F W A X Q W S I N A
D Q W S U L K I N V Z R R I R S W J
H I J H E E X E V R A I N H P Z O O
L B F J V A T B Z M E L D V S O V W
O U R R D L D G I W E N I J L M D N
```

STATISTICS   SHOP
SWITCHED   LITTLE
RAIN   CAPITAL
IGNORES   BLUE

```
Q O Y C G Y P Q Y A X B Y F V B U A
F G B J H B H C U F I G V L W O I G
R N I N P U T T E D V M P Y Y M M H
P V U K S T I C K I N G C B D Y R N
I I M R S Y J I M E F X O A M W P Q
A W Y G G Z G H X Z L P G Y M Z O S
J C T V P G Q K T Y J F H Q S J O O
J A B C H U B R J S W X C W H I R X
M E T A L M D A X N A T U R A L L Y
S C R E E N S J G H M D K X H O P C
B R A G P L E A S E W K Y G E P A F
R X G V C Q R L O Y S V O N S E K D
Q Z A E T A C P X V L U U Q L R A I
K P B U D R D L R E C K C F M A Q N
T K G T O L T K X Y E U F Q C T R Z
Y O D T J J M P N D C F W V L E R P
N H G K P S A T C B W S B X V D N B
```

INPUTTED NATURALLY
METAL   OPERATED
STICKING PLEASE
SCREENS   POOR

```
F O O A G O V O F C O W Y F S K V V
B A J K Z X E D U S F P C S X Q W M
Z J B E A L L O W S N U G Z K I D U
L H Y J H Y T O K D Q H P V T S V C
D S D N J H O F J Y A I N E J M X V
S H K V A K I Z P D Y S Z E Y H H O
J C R I L J M I N C L I N I N G O F
V S F U E P U D L B Z F A U E Y B D
P F K E U R U V S C O D E Y O C Y E
K X Q S K D A Y Z E B M G C Z H U V
D T T S J O O U J Q J D W D T F F O
S N W Q B I Q P D Y O U U J V P W T
O G U E D C O M B I N E S U G Q S E
B P Z M N A D W B N E E D L J N X S
A D C H A R G I N G K J E P B M X N
L N M R D Y U L L H E P E R M I T S
U V Z T J W M E I G H H P Y A R N R
```

    NEED   PERMITS
  DEVOTES   ALLOWS
    YOU   COMBINES
INCLINING CHARGING

```
L D R V V J I F M N N U W V B Q C D
S E O L P M C A G O N S U Y X E R J
M S L B I K S W D I P H A U D K L H
N I F N U G P U W B E E W T L H I N
D G I A B G M U Z S O Q S B F C N V
E N N I B U M O R N I N G S Y Q K F
B E K D K E R R A D I E R D Q T I B
F D N J I S R J A M H A S P V K N R
F C U A H S B U F K Q A A I G W G R
Q V J T L E W F Y V G E S W F O K U
A Q X F O S O M Q L J N R H W Y K C
N R N D N V N X J Z N X C I C M B V
S O O O G W F W Y G K T W Q H C N J
C C D E E I Q J P C J R I E U V I K
W Z N C S C F P W M E I E O F U N U
P D V J T C G R A P H I C S N X B F
D L V F M K V O F U N T I L J Y L N
```

LINKING   SO
LONGEST   MORNINGS
GUESSES   DESIGNED
UNTIL   GRAPHICS

X	K	B	P	Q	C	Z	T	E	R	X	P	V	O	V	Y	M	V
D	V	B	C	E	L	L	R	W	S	C	Q	N	C	A	P	J	F
L	S	X	R	W	P	I	A	C	Y	T	Q	W	F	P	R	R	E
D	V	T	E	E	V	N	N	E	M	E	B	G	C	Q	J	T	P
Z	L	U	M	N	P	C	S	V	F	L	O	V	A	V	W	D	V
U	N	H	A	F	C	L	F	U	C	E	B	Q	Z	F	E	E	F
A	L	Y	I	W	C	E	E	A	U	P	S	X	J	T	X	V	I
M	J	F	N	E	R	J	R	H	B	W	Q	Y	U	A	P	Y	
W	D	S	Y	I	I	S	C	Y	P	O	T	V	A	N	C	R	K
F	M	E	C	F	W	L	D	I	D	N	C	R	L	A	T	Z	U
L	W	C	K	F	A	J	H	V	L	E	D	N	Z	C	D	C	T
W	L	U	P	F	W	B	G	U	S	D	A	O	R	E	J	Y	D
X	P	R	T	O	D	T	R	A	N	S	L	A	T	E	S	R	R
N	F	E	U	J	K	M	T	I	K	V	R	E	M	A	R	K	S
H	N	X	Y	T	U	P	P	H	B	B	I	V	I	J	P	I	
G	X	A	X	V	V	O	O	Y	S	A	D	V	I	C	E	R	H
Q	Q	Y	F	F	Y	Y	Y	Q	R	Q	Q	L	D	V	Q	S	N

SECURE   TELEPHONE
REMARKS   REMAIN
EXACT   TRANSLATES
ADVICE   TRANSFER

L	Y	O	T	V	H	W	X	M	K	J	U	T	G	Q	B	H	J
B	U	E	S	I	N	U	O	T	J	I	C	T	F	S	B	F	G
Z	P	T	T	Z	B	J	R	W	E	S	R	U	K	C	N	N	Z
U	W	X	J	P	S	B	X	R	S	H	I	M	C	C	I	M	Z
E	H	E	P	R	O	Y	A	Z	F	A	A	L	C	O	L	Z	H
D	E	Y	F	U	F	V	S	I	D	J	D	P	F	M	E	Y	A
Y	E	K	A	X	Q	R	S	S	U	T	M	W	V	P	H	R	R
K	L	R	Z	N	V	U	O	E	C	I	I	U	Y	L	C	T	D
L	S	G	C	O	B	J	C	C	W	N	T	U	L	E	D	G	L
X	O	E	S	T	C	H	I	O	M	V	T	F	I	T	L	W	Y
S	N	F	P	A	X	I	A	N	N	O	I	Y	R	I	E	T	L
I	P	J	S	Q	W	A	T	D	M	L	N	S	T	N	C	F	G
X	Z	V	E	T	A	X	I	L	C	V	G	J	R	G	T	V	Z
C	Z	Z	A	G	G	G	O	X	C	E	C	K	G	M	U	Y	J
W	W	O	M	T	Z	Q	N	V	B	Q	B	T	N	V	R	H	W
V	K	Q	C	F	W	E	L	X	Z	P	S	G	F	N	E	C	Z
P	O	U	R	Y	D	J	G	B	V	R	J	V	J	A	A	W	Q

SECOND WHEELS
HARDLY ADMITTING
ASSOCIATION COMPLETING
INVOLVE LECTURE

```
S D R Z O I N W K B M I Y Y P T T Y
N L N A H A N L A W G U E Z S E Q C
M A O L O U D L Y S L U F T L L L P
Y A H B K B L G H C U T N E U L R H
W N A T U R A L L Y H E Z E L F M U
K C U O L P G W X E R G K H V I G U
F I C V B T F N E O S R O W F Y P W
B X U G B Q A C T I V I T I E S K D
T F R R O C M I C D I T F S P A N K
S T E O N L T L O M U Q Y S G Y O P
C O M B I N E S O Z P J I J X L W U
G N E C N L X E Q S F J O F H X P P
Z V L K O P F U U M J T G Y Q C K O
X O X H L S J S N G D D K T V I T R
L E E P D U Y Q N D G U A R D E O Y
D U O D Z O Q B R L K Y X O J V Q B
K K Y H U E H F K Z E S N G S W Q I
```

NATURALLY   CURE
ACTIVITIES COMBINES
GUARD   LOUDLY
TELL   KNOW

```
H F R J X C J W A O G D D S W C L F
A G R E E S Y V I P B M T X R H T Z
T E X A H Q N I O V H Z Y W H T B O
G K S R X V S V U Z F C G L C U N X
I O C S I H O U D Y C B L M R I I Z
Q E O Y D Q R U L E Q F Q K I P N W
G Q K G I L A M F N Q B E G U N T U
K V N O F Z C F R S L D R R E Y E F
C B K N E F E A G T K G N N Q J R W
K A M E X O L J V R P H C Z V V V Y
N Z O T C P R N W J P M Y A E J A V
T A U K L C T Z A D E S W R Z G L X
N Q F Y U K B W O X U L X W V I S G
I J F U D M K K U O S L I E D W S V
T P Q I E U W V X L X M G N B F W L
G H J K S E I Z D L X S M V E G T O
P V S L B U U N X K K D U Q C R P W
```

RACE   GONE
BEGUN   INTERVALS
LIED   EXCLUDES
LOW   AGREES

```
W S F M C U R R E N T S I Z E S B C
U Q E A O T R U J U Z X X U G G A Y
V B Q T U U G W A A V H I D Q V R A
A Z U T K X T T J O W W N I A A L W
A B I E X S E X Z R L K O D V I J
J E P N C A A F I N I S H E S I W Y
Q H M D P X C J K M Z I H K E T J
K P E S Z S H T P Z Z X C B A A B X
K K N O X B E Z U O M J X N T F I V
S D T I B Y R S J I L F C A C H S J
V H Y D O T H I J L E V O E F S Q D
V M D M M G K R Z H T D A B V O E R
P X M G X T W N Q V A S B Q O R E G
W U Z X I U B B I N D L Z A T T O C
E U E M H B C U N L D N O Q P I B K
V T B N O O W R F I V U Q B V N D X
G I U H T D L A G B V J W X X G P Z
```

BIND   SIZES
FINISHES   EQUIPMENT
TEACHER   ATTENDS
CURRENT   SORTING

```
F Q L A B E L S V P G X X L V T O G
Z J Q J Z Z J F O H O S M D J K F X
I G A Y K V D B M M U J O X I N C O
T E R M I N O L O G Y X D Y A D I M
U I G N F Z F E Z H B D X H B Z E W
Q Q W N E L E C T R O N I C S U H G
K I A G H A B W I K X R R B N J V S
Y Q N Y R X B U L S C T V R Z L G L
R R P H R I I O F V Q W I D E S T C
T Z B F J I V A Q E B K M N L B H N
R T R U S T I N G N S I K I V B F C
I N Q V K X K H C P V T F K C I S A
W L J U Z W Q P P O I N T E D W E L
Q J T P W V B M U J Z V P A E P D S
F U S V V O P H E J S I X O J H P I
C M G W C W S M A T H I S V J X E P
H J A R R A N G E M E N T S S D D K
```

WIDEST   TERMINOLOGY
THIS   POINTED
ARRANGEMENTS   LABELS
ELECTRONICS   TRUSTING

```
C J J N O F Y Y U N R P Y H B I D D
R X B V C O V E R S A E U S T M A P
V L G S V R B Y K P R O T I L M T J
B R O M E A B K X B L S X T B E E T
S S B W F Z M L K H R M M N G D S H
U T C A K P E D J V J Y B E H I Q Q
C C S L A D W V J V I S I T F A D P
E G S E M E T V O T T F O H T T N Q
G B E U H T E Z P Q T J H I K E Q I
C O R G Y V A K C H L Y R D U V Q E
V A V M H P E M S V M P A R T L B B
W C E F A U T H O R I T Y X E D C U
A B R M E B R S E A R C H I N G H Z
J H X Z N T H E S E O G Y Y Q X X B
L V Q T A G T H L F F I F C B F C W
U G W K K C X C M V N A L Y M G Z Y
A L I S L N C B V G W B X H N H O Z
```

VISIT　　　　DATES
SEARCHING　THESE
COVERS　　　SERVER
AUTHORITY　IMMEDIATE

```
Q K R F J R T H M R E D F M J L M U
S U P E R V I S O R R L F B P J A Y
J V L O B B M O S Z W M R I U U M V
G N Q X E E A M P L B K G W R W B A
T P Y J V T I H J G Y Z A N O F I P
H S G L J W Y V V E T A G K W M G G
O V P S V E G F D J U K Q P P V U F
U F P C J E R G R R K N T F Z M O I
G U A H J N X K D Y Z L I Y K Q U U
H K I O M K I I R G P D R E W V S K
U F Q O N N R M F M B P N A B W O Z
Y D C L Z I W S L C O U P H G G A Y
B I G S B L C F U U Z D N I L O H Q
W Y L O A D H K N K I G N N M W J F
X T V O T I R D Y P R O R Y I Z B J
O K L H X Z C Z B M U L T I P L E V
P D O Y T Y G W Z F R Y K R P M W G
```

BETWEEN   DREW
ROW   AMBIGUOUS
THOUGH   SUPERVISOR
MULTIPLE   SCHOOLS

```
Q R S L S Q D Q A D X Z C K Q Q O L
K D A U E C W F Z U S S T V N M P I
J Z P A L O B G F Q U A L I F Y R D
H T X C E N J E X T E R N A L I N F
W H G I C T G W K G E C A F H D A Z
Q E T W T A U Y M V B Y M X D C O E
I N G R I I A I O Q F Y F N J Q H X
N P U Z N N R I X Q G I K A M A F O
C A X S G S A I C O N V E N I E N T
R Y P W V P N R E V F H R I P S X D
E E J K B Q T Q S E I D T R L F D Q
A Q C F E U E X V Y E B J T U P A E
S I L X Z B E P A Y Q W J Q C P Z U
E I P F E A S W Q I I K W Z Z M J U
S A D A W B Q A K P Z B S I J N G B
J O E N A R A T F S P P C A X R H L
X S C E N F N Z V V Q R L S W Z B B
```

GUARANTEES   SELECTING
QUALIFY   THEN
CONVENIENT   INCREASES
CONTAINS   EXTERNAL

```
W Z S J S A K Z E B D H Z W O O Q O
K P Y O M C P V W O A W B D M S Y V
L C Q C L A I M E D E Q L Q B K Y P
P T J B S E I C C V X U G M B O O D
N S O E B N Q K L S Q O I L L S P T
Q D R A S T I C C O B T U W V P V J
R I V G X Z K A H K H I N G H T K U
G N Z K S Q N X S X J N D A F X S J
W Q N L Z X P T N O R G E T O D G D
W Y A R Z O G I S G P U R H M X D D
H R Z G V C O N S I S T S E Z P W B
I D N K M B B H L P N I N R O H B T
X A E P G E R R I I G M L L X C F T
Q K P H R R G P T A M S T R I N G S
M R Z Z B P B D I D C F F N M V P Q
V Y D X J W B L S X J Z G V N F K T
G U J Y P U Y Y L I G D W A R N F E
```

CLAIMED   UNDER
DRASTIC   STRINGS
GATHER   WARN
QUOTING   CONSISTS

```
I Q W F R Z H Y Q M B M W T V F A D
T X R Q B V U L S U K V S H S J M D
H B F Q K D N X V T U M C M U A V W
Z E J X D I A J J J E P T K B T T Z
Z B R T A N S Q F U V P K R M H N G
J G M O C V P R L I E E R U I O M R
U F J X F I K Q D M P R R T T U R Q
G M D I Z T P A W I B M E E G K H
V W U O J A C F M O N I I E I H C C
B M S V Z T J W P N K S I T N I A
J Q O L A I J H E J G S J H G S X J
R Z T T P O I O R X F I W C M D I U
Z O M V E N P L C X L O V U L A K R
M T U Y O U B E O A P N E K N J G O
F Z J S Z A G V M C Y B K C L J J O
O B R O K E D H S A I G N O R I N G
C K O C X U N N M Q M G A B T Z E U
```

PERMISSION   INVITATION
TEETH   IGNORING
BROKE   WHOLE
THOUGHTS   SUBMITTING

```
U K K G J R T I N T E G E R T F D S
K D N F X I H D P E X A M I N I N G
U L G F D Z N R N E E W S H I V A B
V F O Z C E L E V B W P U Q E D B O
M S C V C X S P M I Q V Y R B X E J
T H F M X I V R Y X I V W C I N B Q
A Q Q M J E H E C J C U T T I N G P
H L Q Q M L R S H M X G R B U E H U
R N P Z E E Q E K Z Q Z Z J Y Z X V
V E U X L G B N N D E S T R O Y E D
V X R E X A J T E X K R C S F V Z E
M L P Y D L D E S C R I B E D E O H
G D O W Z L N D Z S V Y B P C W A T
R E S L S Y Z C F Z N Z M G S X I Z
C I E G U O U O O W Q K M Q K A M I
O D S C U P N H U H H D W V O G H L
P E B Y T W G K Z F V U B V M L A N
```

PURPOSE   DESCRIBED
REPRESENTED   CUTTING
INTEGER   EXAMINING
DESTROYED   LEGALLY

```
G U L V K E M G B Z H O T I Y A M K
J B W N O E W J U R S D E R I V E T
G W E F S K Z K M V M F T K H K H W
J J H A P P R E C I A T E D C M D U
V I N J T A K L S R W O A Z I D X Q
R E L E A S E Q U S R N O Q K E K J
L V Z E N H A M P X F W I B G V D Z
Y A S Q N C X S E X G G A T R I R D
D G P F Y H C Z R P H I J S I C J H
Y L T S Z A D S I R B S R D Y E S A
B O H V N N Y N O U K J R I F S B N
A G Y N U N W T R E T M W D S D V D
D S X T L E T D S H L J X V K I Y I
D C U Q L L N H N Y T V A K P V Y N
R O U N U B E P T G M Y A S G Z I G
D O M A I N R M D B M A J I J G J C
B D L U O M G D V L X L Y P K Q S B
```

DERIVE HANDING
DEVICES SUPERIOR
DOMAIN RELEASE
APPRECIATED CHANNEL

```
G H F E R D F L N S Y U L E A S T K
Z G U Y E F U E H G H M I C Y H L I
R K G T K R J E C I H X K M W E N L
Y N Q Q U A L I F I E D S B A U R U
X Y X W C B T D B F S P U R N R B Y
H X T X S S F I I D D Y I A F E T E
A F S W E F K L Q W E Z V Z G P G V
S Q W K C Z K G Z K H P K U Y R R R
C N K U O Y I J X L A U U Y V E D U
D P S Q N V X J Y M I W X G O S S D
D K L P D I G Y S E N T E N C E H X
M M P Z L J S E X A V Z C I Z N O M
H P U B Y A Q S K W R N M Z T T S A
F F E Q S X R Q G F K Y N B E E Y R
I R W R E M O T E N P B I C J D A C
N K F W D Y E C Y Z E X L F L H N H
B T K Q W U L B K V V S A V F J D D
```

REMOTE   LEAST
MARCH   GUY
REPRESENTED   QUALIFIED
SECONDLY   SENTENCE

```
H Z H W Z W A R W I L A D G V J L U
A C M C T N F U U I O T T A Q T W C
N N O F O E V F N T V P D D H S S Z
D L A N S J Y K F W G D A D Q M M F
J Z Q I O K A Y X H U I C I D I G N
J X T M R F N B M R L R K T T C U J
L G L W D U C E N L K E B I E O V O
J Z R S J G B D Z Z G C C O N P W P
K R E C A L L G A R N T U N K S C Z
K X L H J Y Q Y N W Y I W C E E E L
M X Q D V J N I G Z X O P N Z R G B
Z P S W D F Y R J L S N C Y O I F U
K C A P W U E X Q U Q U W S W O Q H
Q R E M A I N K W M H Z F U M U W X
P V G D E H J E D G U U U N Z S B H
O O F W N D T C I X I T G T S F K K
Q L W X E S T M P U B L I S H I N G
```

HAND   SERIOUS
REMAIN   ADDITION
RECALL   DIRECTION
TEN   PUBLISHING

```
L O D E X V W O Q C B W J H E Q A S
X B Z E F L Y U M Q E B G S C Q T J
U T R I A X R I J X Q M H Q Z F B V
H A E O T E B Z E F X B L T O D A Y
B I T L H D S B C W C Q A G T W Q B
J N F X E I B I W M M A M W U L W S
P I L Z R U O T C R F Q D Z R C R T
H N C O N S T R A I N T T X E L Z I
H G J T F R U X R Y Z W A X D Y C O
L K L R V J M V C D N L G B A M Z A
F R M E G V V X R R D M P V K M K G
M W F A A Z D E E P Q R K R V M J R
L L C T U S T A T E S I H P Q W L L
W H H I Q P C K A I V G A U K A R C
H R E N X Q E R K P I H S H H D G M
A L Q G Y R L B O L L T D R U A I M
D X R J J G H U Z L J M P S I D E E
```

OBTAINING   CONSTRAINT
STATES   TREATING
TODAY   DEEP
RIGHT   FATHER

```
Q P Q S F B N R X W X C I W E B N Q
F G C Z X L A T K D S T I F S U U T
K K P D S D R I K I W K M S N T A X
H E A L T H Y U C S S T A F F Q P R
B X H C U D C C V T W J N V F O E M
T K R I S K G C N I U N H B A B A T
Z Q U W L I L R C N L L A L L N C V
Z D I W U G T S O C O T U U D O E G
C J T Y K L V X S T Q Y L B P M I Y
O X C V S H R Q O L D C P T V H C M
L I I U K M E O C Y Z N F I D O W M
U D N V T X V A R B G G O A F K D B
M J S W L Y E I Y W Q S T M H H R M
N X B P Z E R H Z R L L Y X C A F P
T Z Q F Y R S Q H O G O T H M K P V
E N A Z N H E P B H W W C S L D N U
Q E U Y R L V G O T D B O Q J Q L P
```

HEALTHY   COLUMN
STAFF   RISK
ALL   DISTINCTLY
REVERSE   PEACE

```
R A Z H A K T Z C M I J P U X E K D
P Z L P B O F A K X A O U N G O W D
E D E F F O R T S P B R M C G E L R
R U V S Z Y D M X R Q A O Q M F P I
A U Q G M K K L Y E S L C M Q K Z V
H Z G X Y F Q Y G R O S H Q B Z M E
V C H L I Y O E R E U C T H T G Y R
V P F R Q H H G R A N R Z Y G L U S
B E L I E V E S P S D I A F X G J B
M K M Q X X T O O O S P V D B F U K
L F V K T A N K S N F T M J X J C D
B Z Y X F B T S U S I G H I L N T G
S U D D R Y L V N C D L M Z E Q W F
M Z P W Q V Y F B U F F G W I C N O
U M K Y N L S Z S C H J I M S N F E
H O X B R B I N C L U D E K F E P K
A H U P O Q F Y K N F I R Q X S V O
```

BELIEVES   EFFORTS
DRIVERS   SOUNDS
TANKS   INCLUDE
REASONS   SCRIPT

```
O B Z A U D I W V G V I P O I M F L
W G E Z G R E Q U E S T L N P F C H
A A E V S U D S F R X Z V M J Q K U
P W C C T W Z A S X A Q F E L L H V
N Z H T O J N U H A G Z X T Q X C D
D K E S Z N W E I D R C F I N H B P
Q Y B U J O U I Z T Y F N M S O M E
O H Z N O B Q R D E F I N E D W O M
Z B B K V W M A N A G E D S F C L U
G C V Z G F Q Z B C R V Q J X J L A
I X F I A F W R C B W K L M V I W E
J U B F Y H T B Z X Y C O R R E C T
Q Z I L J L F J Z E L F Q X X R A F
Q L R B R Q R C S A R K T L G P P X
T T C O C D G W Q L N S B K C K E H
O F B B M O M R I C Q Q U A A M A R
J M Y S Q S J U Q K D D Z N S H R N
```

OF   SOME
DEFINED   MANAGED
FELL   CORRECT
REQUEST   TIMES

```
X V W S J J J C A R E S H D K L D
M P H B T A V A V Y S Z O P C Q G N
H L Q R F K L X S Y W Z L Q C E T B
B A Z B I H I E M X M N A P C M Z X
V N W Q Y I G J U E H B R U R J H F
G T G F F N J B L B J R E B E O C R
J E Z W Q D O T T A S N P L B V P H
K G Q O N I X O I P S G R I O P K C
Q P Y W I C O K P B T Z E S N U B Q
A N F Q P A V D L M M S H B H P S
U I L K B T W R E N C I E I Y V N W
S T K T V I A D E V P B N N U J P I
M B Q X L O S J Z C K O T G U H C T
E H D Z X N C W Q T Z P E T B S O C
S Z I S R Y X I H O X C D G Z P C H
N B F L O R J Y K O V M X N M H R E
A I C Y Q W M V F N R M Z J B I I S
```

PUBLISHING   MULTIPLE
PLANT   SWITCHES
INDICATION   WAS
REPRESENTED CARES

```
O O B O G A B G A U W I T Y V K I W
Q X K N R C N V P M U E K C K H L V
O L I O Q M W X F H T Z Y N I I E E
J M M Q Y C V R F Z C P J P X P Z O
E H A F R Z M B P K C V R O F Q W
E D P D T U S V O J J Q Y P B P Z I
L I F X U S H T R A W X R N V T I P
F C M O A T I A T Q U D P B Y R D P
B O F L U X M B V L I E L I T G A B
C Q T I K Z H L Y M X C L S I I U M
R E J E C T S E A N Z G V I O E G G
H K S N O I S S L J S Y L Y I A M S
H X P K Z I N I E F B X S E R V E D
S C O N N E C T F K N E K H K V W K
H N W C Y R I I L V Z N E A R B Y Q
P F W S T R I N G S K E Y D O O R F
P A Q L V K L R O H X L V Q M E I X
```

CONNECT   SERVED
TABLES   REJECTS
PORT   NEARBY
STRINGS   DOOR

```
B H A N D V I R T U E O V U L H Q M
C O K W C O X R J F R C V D V F T L
N J I D H X U L I D D G P C Z P D O
D R O G A R H C X B N F F X Q W T L
B W X A R H Q U Z F S T D E W X I B
G R R A S H B I L F A L L G J J T Y
O F L X L G I K V B M D W A B E L A
Y O O G N R L U V G O L Z Y Z I E G
I R W D E B H S Y E Z A S S U E H V
B G H W S D E A X O N D I C K J S R
D O I F C T O L U W C E G Y F Z M I
A T C Y F Z J E A J X T U X V L G E
B T H B N E D X L O L W S A Z T G M
Z E X S D T O D Q P P Y H S E N Y O
W N E Z A Z Z I J L H C T S I J O X
M X A P O W E R A L K T Z N Y G Q M
I I N F L U E N C E N G D C V E V D
```

WHICH   TITLE
POWER   FORGOTTEN
SALE   VIRTUE
CHARS   INFLUENCE

```
Y N T X Y K L F V P N J C N Y O V M
I D R W S M R Z B Q J R P B G H F K
K Q A M X H O J P O X Z M I G C G G
Z T N D J S M N N T C H I C S H P X
V D S E T U H Y L W Y T U R K K V O
G Y F S Y Z Q Q N B D I G U Z N R C
S F E T K I J V A E N D S S F G S C
R N R R X M W Z N H J M I S I T M U
K Z R O W G L I Q S D C I E F Q X R
N S E Y Z N Y V U E U O N N U D P R
S F D S O Z E P V N H Z U D F L P I
L C M E Y A A Y G S P Y K I R K J N
E L N C G G W T L I E P C N J N L G
E T Q I O P H A X T D N G G O U H P
P E R L K Y A M W I J O W Y T W H S
V R A U G K D B B V F P N N F G P B
E V Q G I O X Q H E O P I N I O N S
```

SENDING ENDS
OCCURRING TRANSFERRED
DESTROYS SENSITIVE
OPINIONS SLEEP

```
C I J L H Q P N B N J J V W J E V H
C E R K Z V Y K R P U D I P L A T Q
L L M S U B M I T L E Y D N B P W L
G R R M W P C U W A F T G K O P E C
Y I A Y L K Z P M N D R S O M E N I
G X E D V F F F E C E Q P X G A R E
Y K F Y G K Z O D W Y D S O N L X I
H I D B D M M R E C F E B A E Z O Z
P Z G S J R O E D D E V E L O P Q Y
N V E G O S J A U B J I V Y R R V I
N L P M R D T G C D W Z V F K L P W
F O R E J E C T E D P S G C G U H R
C T C B Z W X K V P M O Y X F J F Q
T M M B P G N D E T E C T I N G A T
H D E H M U R V E S M R G Z U T E I
G X M F J W O V V O U W O R T H C X
M D F F O Z G B B Z C P D I X S X A
```

APPEAL   WORTH
DEVELOP   PLAN
SUBMIT   DEDUCE
DETECTING REJECTED

```
R A Z G U N Q N T V N E S I D F R Q
E V D S R S O X F A K P K S W Y S F
T U W L Q F P M B Q J J F U W L O I
K C Z U B S T L Y D A O Z G H I L F
U I C Z I L R N Y E A G B G K W V V
K D U Q O U T Q R E H S H E S A E V
J I T H R E R L U H C X T S L I G R
U R T H U B Q T A C Q I D T L T P W
E E W L F X F D I C T V X I T S E M
X C D F X D N B R B N F S O S Q P E
X T W R B N V J R D V P E N B N D Z
J O X R U T C W W F D T A T I H I X
K R N R K D H R Q L I A S S U M E M
I A Q C I A I M G D C P Y L M B T E
B B M V G H W M B O E P R J S T W N
E A F F O R D V N E Z I V A T E O R
C J A G B R Z S R Z R O F I H N M J
```

DIRECTOR   AFFORD
ASSUME   DOE
TEN   WAITS
SOLVE   SUGGESTION

```
T G K R C T K R K P H V E Y S T Z O
I W Z A Y K J O K R N D B W I V X D
A Q M B O U N D B O J Q A P F D W E
U E A F J Y P M W S Z J Q O M I T S
O I P K P R H P B P M W T V Y V E R
T E Q O V O I I H E R R L B T I T K
I R P N D Q T S O C M N T T B S V W
R K A M D V F M J T Z J K M Z I N K
E K F D T R S W P F D A W U B O J V
F G B M P N H A T T J S D R N X X X
U F S N X T X R Z A A I I T I I B J
S E M K W Y W C Z G P M S A F K M E
E Y Y F T I P G L Z P B Q E A W B I
K W S B F A P G F A T D O V V Z T Z
Z T E R X V Q V K R H Y Y L Z L H R
G L L W D B Z S N A W S Z F P I N Q
N X L F O L K S A S K E D W P Y Q C
```

DIVISION   PROSPECT
SELL   OMITS
BOUND   FOLKS
REFUSE   ASKED

```
S C A S K F X X A Z K K U C H A D K
Q B L V S O E F D J X V L J Q R L J
F O T R A C V E X I A W I C T Z F D
P V E X T O G S O V G U G W U R V C
B N R A N N U W B L C Q P G T B U B
C C N X T S B W K B I E B W P U H K
N O A T E T X R D J E X J Y T R Q W
G X T U Y R D N Z O W C N X C I F B
D T I L W U Z P S B I Q O Q X E P E
V S V N H C Y L O O S O P I L D X L
B S E Q G T O A H W U X M O V L G I
L Q S J S Q V S D Y R B H K P N H E
R H S O S H N O C B G V G L B D Y V
E F I N T E L L I G E N C E I G G E
S U U N D E R X E Z J N Q R V D X D
T H T F N P Q E A R E S T R I C T S
W V V N Y Z L S X J H S I Q T D I J
```

INTELLIGENCE   BELIEVED
UNDER   RESTRICTS
CONSTRUCT   ALTERNATIVES
BURIED   REST

```
D I G C I N J M M G H K M Q Z R C F
A T C O A C X V T A Q E W B G U U Y
W L J U J A F P W U O U G Q I A X D
Z T E J S W O I L X B Y C E C P T J
C S M O T G F O R E V E R S U G H J
A D D R E S S E S Y E H H Z U M I F
D N K N A C J O W E X V M L B C L L
T C O B W O I A E O P O R P X A L O
C A F Q D W B O S M E I K J W N Y P
X R W Z V O T S E D R W A R A S A P
D R I J G N I T G W T V M I Q W D O
D Y F D O B R G Q X Y L B L C E N S
Q I C R T A R H G T V H K Q R R V I
M N B I T P X X P D H I A J L S A T
S G K V E H T D O N G Q R B L K X E
U Y S E N F Z J Q J M F Y N K A L X
T C X N A L J A R R P J N E F I Z R
```

    CARRYING   FOREVER
    OPPOSITE   ANSWERS
    ADDRESSES   DRIVEN
    GOTTEN   EXPERT

```
O W R O Z F W I E N Y J I P V J A V
J G S S Q F S M X P J D S P P A H N
M F N E Q J E P F M A Z C W P E R Z
U G W L G G L L T U M A M F R Z T O
Q L A E M X E E X A G S V V E Z U I
T R Z C G C C M N K X Q F O P D O S
F S B T P Y T E R F J B E D G J R R
P E K N I E S N Q A C T S X H A V O
B T C F N Z R T C H M I Y J O P O U
E Q T O V W N I C K F L M V P P M G
N B R Y E U S N Y J A Z F J P E L H
O J P T N E T G R D L K U Z A A J L
F Q F I T G W Z O T L A S O E L R Y
G G T P M Z R Z Q K S U J L I X E Z
D T Y B Z R Y D S R X T L E C Z H L
L P I O G S J P V D F D A B T J L D
U H W V F R K V V R Q O S Q X U X L
```

SELECT   SELECTS
FALLS   ROUGHLY
IMPLEMENTING   ACTS
INVENT   APPEAL

```
J R U S X Y G C J N F W B Q K B P B
K F I N I S H I N G F K O N K M I U
W Z R T I S G F B F S I D W B D E S
S H C O M P A R I N G S M M L E G W
H O V V W J Q D T W N W Q O K O F J
A C H T M P G X V W M D C R J O X E
R J C A C R E A T U R E L A X L X A
P O E Q J G U I I J U M T U X K A Y
F K P M H E A R I N G K M T T B U H
A J E M U L Y A Q B O B S O G Y O V
Q G H E J N W N Z J V Y K M O I B K
C L B M I P P I E G Z N K A F G G P
R A Z D T N L O X T N X S T Z M G Z
T F S X U Z A S F E V N O I K L O W
Q V R E A C T I O N X C M C V I D O
D A F W N O J J C M B A P I R J B B
P E Z O X H H R I V R P D H F D O F
```

HEARING   COMPARING
FINISHING   CREATURE
LOW   AUTOMATIC
REACTION   SHARP

```
D T Q H I S M X W H U W I C L O X
R I A N V H F S A S L R Z Z O M O Y
B B S P L I T D Q B F Y W M M N G E
M L U H D F V N J L R T B G P E Q E
W D G Y U C S V Y Z T B D I A S A X
C N Q Q S V N O X Z Q Q W O R W X J
L L W T G W X T Z F R L E C A S Q H
V P N L X U B T Z J J Z H F O B E T I
Y R Q H R K L U T P P W I N L A B J
I W Q S E S T A B L I S H S E R J B
I W T B C M P A T R I Z A T D C Z T
P B M X Q T Y Q X N C P O R W H C S
G C B S G E X U A G O K Z U Y E C E
Z Z Y K I N N P G K U S K C E D D N
B Y Z K Z O Y R J W R U P T N U M E
B S P A R T I E S M S F J C N Q H O
T N L K D F W L O Q E R F L U N Y Z
```

SPLIT SEARCHED
COURSE IS
CONSTRUCT ESTABLISH
COMPARABLE PARTIES

```
R O I X T V K K U B R M U U H G Y G
K X G A A X Z R E F E R E N C E Q Q
X M O B D X X V S H H N X W F Q A M
N M L O E C S G U M A T I S W L Q V
Y X O C L I N K E D W Y U S X R P H
R G H P E D Y M E B P M C I K P R B
D U L T J N K Y V Q L G O R N J Q B
D S O N F O R E I G N R E M I N D Q
C J V E R S I O N Q U B W M C G P U
C M L P R W Y S T Q L U B A L Y D D
L F L J V F U D T I B Q K K G H U Y
E R E D U C E D S G I Z M A R Z G U
A I N J O W O G I C S I U Q H N O M
R F C L D A P E J N A D U P D M Z B
I V V G N W X I F E D D B E V R V A
N B L L F M R E C E P T I O N B L X
G M D U A U D W Z C C T O S X U L K
```

FOREIGN CLEARING
VERSION REMIND
RECEPTION LINKED
REDUCED REFERENCE

```
N U R X E E B O Y E Y F Y C H E J J
I P X P J N A R M Y R B Z P F C E T
S S H G L C F A E B E M N C I Q O W
I E S S B O A X R B T R E R T G I A
M T A A N U C I Q N U B F V E I M S
Y T S W V N Q A W E R Y W P J D P T
O I R K S T B A F Q N D C O E R R E
I N U H M E Q P U X I K I B X A O Z
F G Q Z N R Z P N N P S D F Z V E E
L M O V L I Y A T K G L I O I N E R
A Y X F E X U R I J H Y E E Q T D E
K F L T M X R E Q C N W A P M T S B
F T R C D D H N Z P R O V I D E B U
L W M P X G E T N F B Z V F N U S W
O S F B N W G L N W X O C C M R R G
U X E D N Q S Y U K T G U D I G N W
Z B U B K A X E H B X Z P G G Y N O
```

ARMY   APPARENTLY
ENCOUNTER   UPSETTING
RETURNING   IMPROVED
PROVIDE   WASTE

```
Y T G I U M P E U D D S Q V G U A X
G N Z U J J D N P E T P M L E A C H
V Q K N V J H B K L E T M N L W E W
S U U C H L O D M I I T K O C P R C
W D F L C S A Y E V S H W Z H J R B
D U A T T E N D S E S O J E V J O C
G B V T I G W L B R J C Y K I B R Z
S K H S A B S T P E P B S H C U S P
I L A Q G K H I M D Z M L P B J F H
F Y M M V N U N S Z F N P Z L M R A
K Q Y D I B M L G M U C M A B S V M
M J T L S Q I O L V G A U R V K O M
O V S R S H E T L B V I W W R M F S
S Z H D Q M T W L O I I W S E O A P
U G R T R A I N S E T O T A L Y A T
H J O Z K S P A R E Z I E X W A E J
Z M O B C K M C R A S H I N G K N I
```

ERRORS   LEACH
TOTAL   TRAINS
SPARE   CRASHING
DELIVERED   ATTENDS

```
G L T L J N G T G S G V V Y E E M K
O L J W S E P A L E J M Q P W J R P
T N S G L R A Z P D A K K E I A R P
T P E A C I G X I I J Z E F R I F
G O L S I H K N D T O W R H T U E I
I L U U S S E J E Z B O A G G N H A
B I C T T B T E K V J W E L L S H T
X T K S H B N L Q E V F Z U U G V R
J I P A P L P N C V Y Q F A R N R Z
B C A S S V W S U B M I T H I R G
Z A W C N H P P R O D U C E D Y O E
Y L Z N D Q B H G A C F C X L C E
Q I K H Z D W F Q Y C D J A X J V V
G R E P R E S E N T I N G T U H O I
S C K Z Q I V D H F C U G U V N C L
K O W N E R R M X K Y D M R C I N F
C H T N G U Z F G M P T W N D E Y G
```

SUBMIT   WELL
POLITICAL   OWNER
REPRESENTING   PRODUCED
RUNS   PACKET

```
T Z U N V U L E V E R Y T H I N G H
X A X A B S C M L X Z T K V I C X N
F U U V N E A S E U J V X E F G R G
M D I O B R T A E E O I K F M E E C
N C A R Y S E B Y V Z O P J C B Z N
O Y J Z T K G H D C G Q X A H U U S
A W E G E V O F F J D M H V N D I X
S U E U S Y R C W Z J P F A M E Q D
G N X D P I I F U F W A T P P R F N
G B S M R R E H A I L G J Y G V Y M
F W E N O N S Q I B B H Q D M U E F
J R S L D T K N I U L O P C Q J B H
P B S U U R G T P F P P U S K G O E
F F I P C A Y Z Z F B S R Y O P L N
O V O M T S M B L M O A Z N Y T Q B
Y E N R B H E Y C G J U L X D R A G
G O K Z A F X L M U I N V U K T J X
```

TRASH   EVERYTHING
PRODUCT   USERS
OR   BYTES
CATEGORIES   SESSION

```
A E Q E A G O F D U A Y L B T Q I U
N B J Z U R F S B I G G E S T M A R
U Z H L C S Q R D V Z M B C R O G L
H T H I Z S T N N O K Y I I T J W R
V Y L R V E B K G W Z E K X D G L E
E N W N A M Z N Y H A Q D A Q V Q R
F L F B O I Q R E C E N T O S C V U
Y N I E Z N U C V J V Q Y Y E H Z K
R X N K X A N J V M Q I O G X H Q Q
B R K G L R O A V W P G Z C I U J A
O L Z W O Q M S A X O D I X Y S S W
I P B L E H A S V C O T D E X D C A
C Y E J W X L V G X K N K N Y Y E T
T S B E D U C A T I O N A L P X B C
O O D R O U T E R D W D H B J C A H
G F O J H Z W L L U D Z J S B I N E
N U K A H S Y S B E X X U T Q U D S
```

OUTER   BAND
HAS   WATCHES
BIGGEST   EDUCATIONAL
RECENT   SEMINAR

```
O A S J O M K A I Z E T R F G P W O
U C J I G E F Y N F C Q R D L Z W W
L E S K T A X W J E L K E U Y X U G
P C I J P T K I Q V S M E X A R U V
B Z K J G Z V T C E U V C A L L S E
A S P Q P K R B O R R J J C F Q P V
N H Z N M F D Z Q Y P M C Q W N D J
D G E O K I B J R T R B D C B D C K
T E M U Z C J Z S H I Q Y W A W B Y
H F E Q Y J Q D B I S X V V G O M X
B Y N F M K L Z N N E B W D I S L W
Z O T L L M A W X G D A T W P Z M T
E F I V E F B J B V P R O D U C E N
A Y O O E T E D T Y Q H U U M O Y M
S L N T G J L Q C D P J C A L C C M
L O S K O S Y Y D E L I V E R B O D
W F E O W W Y N N W P W H E R Q O I
```

DELIVER   LABEL
MENTIONS   CALLS
PRODUCE   EVERYTHING
BAND   SURPRISED

```
R M L A P P E A R A N C E L O X O C
N P Z W H A P P E N S N F J L A Q W
E N C O U R A G I N G L O N G P U G
H X S R W C G I E R Y I Y N P A Q
H Q V S D M T W G R N Y X P W R L Z
X O Z X S X S I E D F G U E I O Z X
B S U M C C D N J S G X G R D V C I
Y I W Y O V K H N G L L F W E E H S
J U H E S K L I G U B M I C S K Z K
U F U N R M S T Q D U U F L P W A M
Q B M F R O J T K M U Y C X R Q M V
C O N V E R S A T I O N E S E H R P
F N S C J X L O S C E H F I A I X X
F U S R Q M M P M Q S Q R G D H A V
T C A W V K W P K X X X M K W K T U
F P J O E O N W X X C Q B W I N C S
J F E S L S P Q X Y C T O C G V I X
```

WIDESPREAD APPEARANCE
CONVERSATION APPROVE
HAPPENS ENCOURAGING
LONG WIN

```
S G Y F K J U H L Z B H F W T L Y P
P D B O P B R J Q O H A S F O I N I
P D S O M D E D T P P C Y U X Z Z
P U E Q Q Q P U Q N S E O K C E H V
E O Q C S B O A J M E V M W H E T O
C J K G E L R A N R P K K M K F
U M K H N N T L B R V B R W N N O W
Q O I C T B S J E V M R O S Y W J L
U M G M E E F S V J D E M O B O P M
F T O X N K M Y Y J E L I O N X W E
U K F Y C R Y G R P L I S Q I G D L
V S I N E U Z Y S O H A E Z C B C X
Y U G Q S F N W R A J B C D E H T Q
G S R I I X F R E L B L P I S M U B
G M W B B E X F C K F E D Q T F X A
Z G I R I N D U S T R Y D N J X R I
L B G C M R E M O T E G P M L L C Y
```

REPORTS REMOTE
COMPROMISE SENTENCES
INDUSTRY RELIABLE
NICEST TOUCH

F	G	E	H	M	O	M	I	T	T	I	N	G	J	N	G	R	T
R	U	B	O	C	C	U	R	K	T	X	Q	E	I	G	L	T	A
D	U	H	D	E	V	O	T	E	S	O	I	D	Y	J	Z	I	R
E	Z	F	S	N	K	X	A	A	F	W	V	S	D	B	N	N	V
V	F	Z	B	F	K	A	W	T	E	B	N	U	J	W	B	S	F
V	C	V	U	H	A	M	X	P	Y	R	U	I	J	D	M	I	S
K	O	C	B	W	K	M	C	T	A	M	R	T	T	M	T	S	E
E	S	S	V	Y	E	C	E	Y	X	C	R	P	Q	X	M	T	K
S	W	U	I	P	K	F	B	J	B	D	R	R	G	C	N	S	L
B	S	F	W	I	B	L	U	D	A	O	N	S	Q	I	T	M	N
J	I	F	M	E	D	I	U	M	U	T	H	S	W	D	G	T	L
F	V	E	K	E	B	P	T	A	X	B	O	A	V	W	U	N	K
P	B	R	U	F	W	Y	Q	E	E	Z	G	H	T	V	V	I	W
Y	B	E	N	N	E	X	E	C	H	K	B	F	D	K	G	Z	T
R	D	D	V	W	A	D	P	Y	Q	Q	Q	B	R	N	R	E	D
P	H	Z	Y	M	W	H	O	D	M	G	N	V	Z	P	X	H	L
X	V	L	M	D	K	M	E	A	N	I	N	G	S	Z	Q	Q	O

MEDIUM   DEVOTES
MEANINGS   SUFFERED
OMITTING   SUIT
INSISTS   OCCUR

```
E E J F K Z X N F Q L D H P S D M O
D S G A P K K V Y X N S G B B N W O
F W K C C U A T B L O N M G R T E G
Y O N T N H I S B W F Q A D C L F T
B H M H V O N L B E S G L A P I N K
L O D R U D R I N K A U F W E J A K
H T T A J E L B X K T W E Q I D F P
A E Y V N T K S S K T R E A C T F Y
G L X H E E F L U L E V B B M B J K
M R D H A O T F W C N H W A M G Q X
X B R C X T F C W C D K P L H I F P
R R J W V L Y Q S C S E R J J F E M
D A R X Q Z O X W W D I U E Q I V H
I N O F H E A D E R J B A L K N V B
S P U D O S R G L D Z R O V G A M J
C M R Q R U S Z F C T N Z N E L O I
S R B G H T L I G G W K O E G Q H Z
```

FACT   ATTENDS
FINAL   HEADER
DISCS   DRINK
HOTEL   REACT

```
L Q S W S X A J O C H A V F I B Y Q
G M D N H P M I F T J Q Z Q P P T A
X S O R T N B J X I D Z Z Q V E T X
X X B E H Z K T A K I Q Y K R E Q B
O L H U Y Z N U C M R E A U O H D H
G D L O S X F R T X E L Z P R A Q R
E O I T W C F Y A K C P V C B S R E
C E K H I S A U V G T S E T S D H Q
D H K K T O P J X F A I R U T L L U
M X T J C S D U M P W P R N O I G I
X H Q G H F G R P A O J O X R N T R
T K X F A J C E I S J I R S E G U E
R K W V R P R C Z X F A S D Y G Q M
H A N V A I D V Y J W M X L Q O F E
Y G M W R J W G B T J T Q X F H I N
F E L W A N T U T N K G S S K V K T
U S I I A Q X V L P E R F O R M H W
```

SWITCH   DIRECT
REQUIREMENT   ERRORS
PERFORM   AGES
STORE   HANDLING

```
L L K A J D G J P F B S Z Y D N E W
P R Y E W G S J G P K U S I N M T C
U Q F Q H L U K S P H X C R H Q N Y
W U V T Z S S N R Z W D W Y X S H S
M J T K Z W P Q B U L D D Q U C Z A
N B Y V I K E A N L K I G A G E Z N
O R B X Z V C G H T Z S J A G N M X
E C O D P Q T X M M K S Q K E T N R
B B Q I R G E Z J T C F M X C U I S
Y I R H O C D H W Y W D S J D R D U
W T I D C O G H N L M D K H T Y D I
E E D W E Q C P U O I U S H A L L T
S L O J D J I X Q H S U L C F F E I
R J P T U W R Q O W N I D F S O E N
J Z K A R I G K K R V L O N G J Y G
P A R Q E U J N W X E G Y I U I X K
N W L A K G Q X G I J U S T N C P M
```

PROCEDURE   CENTURY
LONG   SUSPECTED
SUITING   SHALL
BITE   JUST

```
D B S O F K R G X S I M P L E S T A
Q B Y T C U J G N N A Y N T M I A T
P H J R A X C J D B J U T Y Z C R Z
R B W U S K L V O V K O G E S W Y G
O T E L E I S A K V V V O Z O J I Q
D B D T S G B N Q N Z E C F S Y P Q
U E H O P E F U L L Y N B G S F J P
C Y Y A G D B N Q P Z J U U P L U Z
T O G G U H T J Q C D A K R R Y B I
S N Q E A I O K B D B M S C I L Q E
H D K C R I M F E G V A V E N L X J
E L L S A M V B Q X W Q W J T I V F
J M U P N X Z C K I C A D R I V F M
A Q V H T O L M Q K T B P A N E I Z
R L M X E F O S D F K O M C G D Q T
F Q A O E U E R D Y Z L V D Z Q X H
Q O U H G T H K O F Z I T O A T Z T
```

SIMPLEST PRINTING
BEYOND CASES
HOPEFULLY PRODUCTS
LIVED GUARANTEE

```
U Q G A Z Z F U H V F P S J X R Q K
J B H U W A S T E S L P B N R L N W
H R G D K R V M M A R W F U A F Z K
C T G N O B R Y B N K O N H R D R J
R P N X K F A L L S T N J M H K B A
E Y C G Y F E X D J F G A F F A I R
C Q Y O V Y X I F J F C R I G B E C
E K P V T S I D L C C L E E D J W U
I Q L E U B N R B Y F Q G I Z I O O
V Z H R F K O A I C V T P F E Y R J
I K B N B F P W H R P F T B C O F K
N Z O M K M K R L E A H O B I T A X
G Q T E F B N W Y H V X S Z J A D W
C Y H N K J C F R Q Z H O C C N V E
O B E T F W Y E H Y S E O X K V G T
V X R E Z X W Q R E P C N K G O R I
T A S C Y N D P C J B E K R L M Q E
```

DRAW   FALLS
BOTHER   GOVERNMENT
AFFAIR   RECEIVING
WASTES   SOON

```
H W Y S I Y D R K D O T D U E I T T
I N T R O D U C T I O N P P Q I G W
N B B G I O J C E H Y A W O K A J O
Y Y D Y E C H N S P F V S B F S L A
V S E U V H W M J D H K L B S S X X
Z X M D B B G N S I A I C O C B V Q
X U O U R C M C I O P I P B X K F G
W K N C J W O J B A P U P J K Y J P
Q R S R J L O V E A E C Z E P L N X
R J T K E K P W L P N Z W C P H Y R
S N R P T K L O O J I K S T E Y U X
F I A W G Y Q P S O N C A I B N Q P
V J T O O L P E U G G J N O X B C X
G L E K D N Q N U W T J X N J Z Z I
Y L U I L W H E N E V E R S L K X F
C J V H T V X D Y Q I N V O L V E D
U D K F C G L O O C Y F E J T Y J S
```

DEMONSTRATE   INTRODUCTION
LOVE   OBJECTIONS
WHENEVER   HAPPENING
INVOLVED   OPENED

```
S I G I I W M U H M R T O K E N Y N
C U P D N Q F J O R E S O U R C E S
B E C O I J R V Z I S A L P N V R X
P H P A T T E R N S N T D X U N V D
N A J R I U S P W I V P I I R K L X
T S R H A N T H M V T K L Z T M N N
W T D I L V A I C Q N V O W G Q F N
B K W B S Z R L Z U M U L Q O E U N
T R Z L I J T O H A S G H I C X Q U
N A C W E S D S E N U C G G K J Q E
K P F M O H Q O Y U G Q R X V F V L
J A C V C D Y P A F F B C C I L H D
H R J S H R O H X M L L X X T G E Z
S T H K I O I Y K J N L D E C L A Z
Y L Z N L P S K N Z Z A F V I B Q X
F Y Y X D U Y L Y P E L U X Y F Y J
L D E I T N C X A I M B G V V W W Z
```

CHILD   TOKEN
INITIALS   RESOURCES
PATTERNS   RESTART
PHILOSOPHY   PARTLY

```
O V F T D R L A I C X Z J U O N N A
K O Z C W R R F I F Y E U R S P M W
H B D J Q V Q I O X C X L U T C S E
A Q C I K T U R N X S Y W S X X D V
X B D H M P Z G N R O O L A J C P W
H W U N O E S H U K Q O A K W C J I
W U E D U C A T I O N A L E O V S J
O G X U X B D R P J E B D Y J Z M D
T D O K C X Y I C O X R F X A Y S Y
L L S U B J E C T U K O L L S M X G
I E D C C Y O A Y R G K N C A B W A
V Q F C S B F A K F C E U I I A U V
X Q V W G Y V H U J Y N C C N S E G
X T F A R M J M N Q H M W J T I I T
G J U I K F X B W I N D Z Z D S C G
N C A N C K Z B W R C E T M E Z I N
I Q D A P P D M D Q K P L L H Z H X
```

EDUCATIONAL TURN
SUBJECT BASIS
SAINT BROKEN
FARM WIND

```
C N K A R L L T F U K L H E Q C N V
R L R K O N D J Z B R I D C Z G R E
X T M L K R J M N F S J M J G R W J
T W K X W Y R S H G Y J E A B A E T
V O U G I P I W W T D T O V X U T H
Q R Z S W K U I H W U I I H E D H L
S K S W H N Z X D D G D N I D L R X
T E E E O K C Q Q G A C W L Q E N M
A D M U Y V O I M P I R O Q Y A L X
T R K M K L K A Q I U A L U L D H O
E R S R M G V A G Q V S G A Q O S A
M K M E O C Q G I E L H U L D E U M
E U I N S E R T L C E I R I T S Q I
N G L F O W J L K S D N X F J M H U
T A R J R G Y J Z L Z G B I Z O P N
S U L N U Z Z K S V L Z H E J R F U
P H U A I S X L Y B U T D S Q X A C
```

QUALIFIES   LED
WORKED   CRASHING
DOES   STATEMENTS
BUT   INSERT

```
S T I U R N O Y Z R O A D U E Y R U
R V Y C U H E G R B S U A S K E D K
U D L A S O U N D I N G B V R R K B
D G W Y X C A J M S G P E W R V W Y
G X K O A O Q Y I U M C C M L U W B
P G X U O S X J F N L A Q E B L W L
D S J X O R Y A H F A S M G Z M P A
V N B X L P A Y M E O C E V A Q Q C
A L E B S K E Y I R S V Q W N E I K
E Q L B Z P G X T I T J O P S X V I
C N I R C L A K J N F P E K W D N N
Z L E Y P A A S B G W A Q G E G G G
R X V B N P L W J Q T Z S W R E S K
U N I T S I L X D U L P Q L E N E D
Z R N F T C A V M G Y P M U D H U U
Q J G K C E E A I V W J I C Z X P F
S B W X W P R P M M Z N F Q Q T X E
```

BELIEVING   UNITS
SUFFERING   LACKING
BECAME   ANSWERED
SOUNDING   ASKED

```
A J N Y G M R L S O G F A I L U R E
P I B Y H D I B U E Z D F V C E R E
P V Q C Z U G P P X Y M W Y R P P C
L Y A H T F H X P F M C J C A H Y N
Y S Y A X B T I O U E M V O Q Z V B
I O C N J E V X S O M M R X E Y M L
N J T C H F G G E J I K G M X W W
G W H E F P P M D K M F Z Q E Q N W
H V A O Z Z T O Z S K N X I R H E O
K U G Q U Y H F V V V U K Q C V V R
A W V G W R O L D E R I G V I J W R
I G G Z N L Q I H K Q H T B S A F Y
V U C W G P V B W R Y Z T Q E U E I
F C Z X W E Y W Y J U P T B T U A N
D G E P T X O C J E A O F T C F S G
F J Q V O T A I O U S O Y Y R V C Y
T C M H G I L I E G K N X Q J I D L
```

SUPPOSED   OLDER
FAILURE   WORRYING
EXERCISE   APPLYING
RIGHT   CHANCE

```
S Z K M I O V V P W G R O L E G D K
H B X G D V E X D Q V S S L H N M W
U Y R D E W U M Y J R N W N L E D O
T A X N A V H K B X Q B I P U L I O
V D A Z L A E R T V V E T Z Q D O Q
A L C U O P G C J S Y X C P S R K Y
M M E N T I O N O S P A H R B L O W
I Q R T U H G G E I O M I E Y U S O
X E C F U E F K N S P I N Y S J R K
A V V I J B P B V Z V N G N E Y U U
W R W H L I V I N G P E X K F E Y K
S N M Y V B C J U W G S S B E P J M
I P A L W X F J D I R Z O O J C F S
R J F L R J Y G W U Z Y E I Q B X H
A R A C S F R E Q U E N T L Y Y B V
J Q M K G X Q Y A K D C N M V C W K
H H T R L K G J E A V F D I E Y T S
```

MENTION   EXAMINES
FREQUENTLY   LIVING
SHUT   SWITCHING
IDEA   BLOW

```
Y P Y X G K N L E C K T F K K U I I
A J P R E J X Y V W J D N C Z T D L
C X J Y F C D U W G U Y Q R W T N H
N R W F O M Y E R K N G F C F O B U
F Y M F U C N C O T S G T T O W K W
S I D E X E D D T B P T W O R Y Q K
U C I V C M P D E A Q C J M X K I U
F I X W W Q Y T X R U E V W R O N S
Q Z E S T A B L I S H M E N T A E H
A W D M A W S M B E L O N G H J X A
Q I G E C A U G J U U P R P Q V R R
T W E V P S R N C T O P I C N E A I
G P N B V N B O R E F L E C T S L N
I B I P U N C T U A T I O N Q J O G
O Q A Q W Z A I H D S V K R S A I C
Q I S K C E G F X P X J L T Z Z C J
F D W G R M M E N S V I L Y L I R G
```

PUNCTUATION   TOPIC
REFLECTS   SHARING
WROTE   SIDE
BELONG   ESTABLISHMENT

```
G O Y V V Y I S X A M I D D E M N Q U
D G U H A Z Y X T R L I I X J Z T H
P A R E N T X P U S E A S P D M O A
O V D E S T R O Y V W P Y E H G K
K E A U Z O F F V Y I O R R Y X V F
O G H H F O O F E J U W A T Q A I F
N G X S O I I J B X N H B S Q M A Z
C S D G I K N O C K E D V B C I Z N
C P N F X W S M S N K T I R M N D V
L V K L W S Q I U L Y V O Q K E L C
C L F S U P P L Y Q M Q C S P E B S
B F R J S F P M J J F Y T K P B I T
T L X L O F Q P U Y J C A F Z X P R
S I S K V V G M B Z G A Y A Z A D C
M H P P K K J T N H H L J S G S H I
B L J A Y M Q F P F M Z M J M T V I
A B V M Y G C O Z N M H S I D G V Y
```

EXPERTS   DESTROY
KNOCKED   OFF
SUPPLY   EXAMINE
VIA   PARENT

```
Z A P I K X Z B O J X Q J T A S Z
N Z D D A Y C T D H J U I N H C R O
Y U D R Q W V A Q U O A Q U Q F B O
C O N S E Q U E N C E P H F E K A L
Q Q P P E Z K N A D T Q C S B P N G
J O R C B I V Y I R S E O G D M O I
U I O B D F Y K M I R J N Z M E U C
K I V I T O P D F C I P N Q F S J U
P P I P S I G F W W E H E V Q S J W
R Z D N C A R M O S H D C N C Y M G
U I E Y Y D G W R Z G E T Q I K W S
K R S H Z N L W L A H L I Q C P L O
M U D V T Y W G D J S I N O M W O E
C M E E T S H N W Q T V G N O S S O
B U F R X D A Z N W I E B K F I L N
Y J S T E Y Q Y Q P I R S C I G C A
P Y V X Z X W C K G G Y B N X M J B
```

CONSEQUENCE DAY
MESS WORLD
CONNECTING DELIVERY
PROVIDES MEETS

Printed in the USA
CPSIA information can be obtained
at www.ICGtesting.com
LVHW061330011224
798053LV00009B/246